AF261624
27
n
23317
A

ÉLOGE FUNÈBRE

DE

MIRABEAU

PAR

E. GARRIGOU.

Quis sermo? Quæ præcepta? Quanta notitia antiquitatis?

Quelle conversation? Quels documents? Quelle connaissance de l'antiquité?

CICÉRON dans l'éloge de Quintus Fabius. MAXIMUS, chap. IV *de la Vieillesse.*

STABILITÉ DE LA CONSTITUTION. — CONFÉRENCES THÉOLOGIQUES. — LETTRE MAÇONNIQUE. — RÉFLEXIONS PHILOSOPHIQUES.

MARSEILLE

TYP. ET LITH. BARLATIER-FEISSAT ET DEMONCHY, rue Venture, 19.

1867.

ÉLOGE FUNÈBRE

DE

MIRABEAU.

L'intérêt et l'adulation ont plus d'une fois répandue des fleurs et brûlé de l'encens sur la tombe des oppresseurs de la liberté. Lorsque Antoine prononça l'oraison funèbre de César et qu'il déploya aux yeux du peuple romain la robe sanglante de ce fameux Empereur, il abusa des trésors de l'éloquence, pour honorer la mémoire d'un chef de parti, que les succès firent regarder comme le plus grand des hommes ; mais que les revers auraient fait punir comme un scélérat et un ennemi de la patrie. Il y a donc longtemps que l'éloquence s'est dégradée, et qu'elle a perdu l'auguste dignité qui en fait le vrai caractère, en introduisant dans le temple de l'immortalité des tyrans qui n'étaient souvent dignes que du mépris et de l'exécration du genre humain.

C'est aujourd'hui qu'elle réparera avec éclat des torts que la nécessité rendait en quelques manières excusables. Ses hommages seront désormais les hommages de la raison et du sentiment. La reconnaissance et la vérité guideront les pinceaux des orateurs modernes. Ce sera un grand honneur pour l'art oratoire d'offrir le premier tribut de la liberté à l'homme qui en a été un des principaux fondateurs. Oui, c'est à Mirabeau, que nous sommes en grande partie redevables de notre situation politique (1).

Les passions sont des leviers que la nature a placés dans le cœur de l'homme pour lui faire opérer de grandes choses, devenant atroces, si la main du vice les dirige, elles le rendent en quelques manières inférieures aux animaux les plus féroces

---

(1) Après la séance Royale du 13 juin 1786. M. de Brezé vint signifier à l'assemblée nationale l'ordre de se séparer. M. Mirabeau répondit fièrement à l'envoyé, que la nation n'avait aucun ordre à recevoir de personne, et qu'on ne pouvait disperser ses représentants qu'à coups de bayonnettes.

en le conduisant à une dégradation déplorable. Mais si la vertu tient les rênes, elles n'ont que de la noblesse, soit dans leur essence, soit dans leur objet ; telle la passion de la liberté, passion sublime qui n'appartient qu'aux grands caractères, puisque au fond, et rigoureusement parlant, elle n'est dans l'homme que le sentiment de sa propre grandeur, passion féconde et créatrice, elle a dans tous les temps fait éclore les prodiges du génie et l'enthousiasme de la vertu. Ce fut, vous le savez, la passion dominante de notre héros : je pourrais renfermer tout son éloge en deux mots, et me borner à dire, Mirabeau était l'amant de la liberté, il était digne de l'être : mais poursuivons.

Le chef des Hébreux, après avoir traversé des déserts immenses, affronté des périls de toute espèce, vit de loin la terre promise , sans avoir la satisfaction d'y établir sa demeure : tel le grand homme que nous regrettons , après avoir fait des prodiges de force et de génie , pour élever l'édifice de la constitution dont il avait conçu le vaste et sublime dessein, a disparu du nombre des vivants avec le regret de laisser l'ouvrage imparfait. Puisse la voix de la renommée, pour le consoler , lui apprendre un jour dans l'empire des morts, que tout est consommé, que sa patrie, heureuse par ses bienfaits, l'a placé au rang de ses plus fameux législateurs, et que, pour rendre ici-bas son nom immortel, elle a emprunté des Grecs et des Romains les honneurs qu'ils rendaient aux bienfaiteurs de l'humanité !

Mais quel spectacle s'offrit à la vue de la nation ! quand elle aperçut le génie tutélaire de la France, couvert d'un voile lugubre, emboucher la trompette funéraire pour annoncer à toute la terre que Mirabeau n'est plus. Sa mort fut une calamité publique ; le talent l'avait rendu cosmopolite. Sa perte laissa un vide immense. Il ne fut pas de nation qui ne s'aperçût bientôt de l'extinction de ce flambeau lumineux, mais sa patrie surtout dut être inconsolable, si elle mesura sa douleur sur la grandeur de sa perte. C'en fut donc fait pour jamais ! on ne vit plus Mirabeau monter sur la tribune aux harangues pour foudroyer la tyrannie et faire parler le patriotisme, la justice, la religion avec une majesté imposante. La mort, l'impitoyable mort l'a moissonné au midi de ses jours, dans un temps où il pouvait rendre encore de si grands

services à sa patrie et à l'humanité entière, en re-
culant les bornes de l'esprit humain.

Les plus brillantes dépouilles de l'antiquité , les
richesses philosophiques et littéraires de tous les
siècles, jointes aux connaissances qu'il avait pui-
sées dans ses propres réflexions, faisaient de lui un
homme extraordinaire. Tous les tons, toutes les
manières des orateurs anciens et modernes , il les
réunit éminemment en sa personne. C'est un véri-
table Protée en éloquence : ici, il discute , décom-
pose ou généralise les objets avec la logique profonde d'Aristote ; là , empruntant les pinceaux de
Platon, il embellit l'austère vérité, sans rien lui ôter
de sa force, des couleurs de l'imagination ; mais que
dis-je, en associant la finesse de l'esprit, la chaleur
du sentiment à la brillante audace du génie, il rend
cette même vérité si impérieuse, qu'elle maîtrise
toujours ses auditeurs , et laisse dans leur âme,
comme électrisée, des empreintes ineffaçables.

Semblable à un phosphore artificiel que la main
de l'homme emprisonne dans un tube fragile, une
étincelle pénètre la matière combustible et l'en-
flamme. La machine, au grand ravissement du
spectateur, s'élève avec la rapidité de l'éclair jus-

qu'au sein des nuages, d'où elle laisse jaillir cent
gerbes de feu, qui, par le bruit et l'éclat de l'explo-
sion, semblent imiter la foudre du Tout Puissant.
Tel, à une hauteur prodigieuse, le génie étonnant de
Mirabeau se divise sur toutes les sciences, les em-
brasse et les pénètre toutes avec la même facilité. —
Je crois voir et entendre Isaïe : on dirait que,
comme ce prophète, il va puiser ses pensées et ses
expressions dans le sein même de la divinité. Presque toutes ses périodes se terminent par des ima-
ges brillantes qui laissent l'étonnement dans
l'esprit, et l'émotion dans le cœur. On sent d'un
côté, que les langues des hommes sont trop bornées
pour répondre à une âme aussi active ; mais on
sent de l'autre, que s'il y avait des tournures plus
saillantes, des modes plus pittoresques, il les aurait
employés, et qu'il s'est élancé jusqu'aux dernières
limites de l'art oratoire.

Le génie qui conçoit de vastes desseins, est digne
sans doute de notre admiration ; mais le courage
qui les exécute mérite bien d'avantage notre respect et notre reconnaissance. L'abîme qui séparait
la France et la liberté était immense ; l'homme
qui le premier osa le franchir n'eût pas une âme

moins forte que l'audacieux mortel qui livra le premier un frêle vaisseau aux tempêtes de l'Océan. Epuisée par un long despotisme, la nation était plongée dans une espèce d'agonie politique, qui en lui laissant tous les sentiments de ces maux, semblait lui avoir ôté tous les moyens d'en triompher. Il fallait lui donner une âme nouvelle, former un esprit public, assurer le caractère national, en réunissant toutes les pensées et tous les penchants dans un centre commun. L'entreprise était vaste et périlleuse, mille foudres allumées pouvaient à chaque instant anéantir les têtes audacieuses avec leurs projets.

Les monuments historiques déposent qu'un homme extraordinaire, aidé de circonstances favorables, a quelquefois suffi pour changer la face des Empires. Se sentant né pour les grands événements, Mirabeau prétend à la célébrité de réformateur, et donne hardiment la première impulsion. C'est ici le côté brillant de notre héros; ce qu'il a fait pour la patrie tient presque du prodige.

Quand le jeune berger de la Palestine osa, avec une fronde et un bâton, défier au combat le géant des Philistins; quand on le vit marcher sur le champ de bataille, vers un ennemi si redoutable par sa force et par ses armes, sa jeunesse et l'iné-galité du combat inspirait pour lui le plus tendre intérêt. Chaque pas semblait l'approcher du tombeau. Le spectateur respirant à peine, éprouvait une espèce d'accablement dont il ne sort qu'après avoir été témoin de la victoire la plus inattendue.

Ici, le péril était bien plus éminent. Je frissonne malgré moi, lorsque je vois Mirabeau à la tête de ses illustres collègues, n'ayant d'autres armes que la raison et la vérité, attaquer de front le lion du despotisme lorsqu'il était dans toute sa force. La première blessure fait pousser à l'animal féroce, des rugissements qui, répétés par les échos, portent l'effroi dans tout l'Empire. Le danger devient extrême, il eût étonné des âmes vulgaires, chacun de nous le partage, et se croit personnellement intéressé ; la pensée reste comme suspendue dans l'attente de l'événement.

Transportons-nous à ce moment critique, où nos députés, voyant le glaive suspendu sur leurs têtes, s'engagent au Jeu-de-Paume, par un serment solennel à ne point se séparer qu'après avoir rempli l'attente de la nation , et à ne point quitter la salle destinée à leurs travaux ; dussent leurs têtes rouler sur le pavé. Quelle expression , c'est celle de Mirabeau , elle fait image ! il fallait sentir bien fortement, pour s'exprimer avec tant d'énergie. Le courage des combattans s'anime en raison des résistances; la victoire enfin s'attache au parti de la justice, la cause de la liberté triomphe.

Le combat de Bellérophon contre le monstre affreux qui ravageait la Lycie n'était qu'une chimère. Mirabeau et ses compagnons l'ont réalisée en étouffant le despotisme, le plus redoutable des monstres que l'imagination puisse enfanter.

Pour conquérir des Etats , il ne faut que de la force et du génie. L'ambition les met en œuvre , en entassant les crimes. — Pour tirer un peuple de la servitude , il faut de plus une vertu éminente. Les conquérans et les despotes sont les fléaux de la terre , ils ne méritent que l'horreur du genre humain. Les seuls dignes de nos hommages, sont les bienfaiteurs de l'humanité , et surtout les intrépides vengeurs de ses droits. Après les noms célèbres de Guillaume-Tell et du Prince d'Orange, fondateur de la liberté Batave, des Cosmes et Laurent de Médicis, la reconnaissance et l'amour placeront celui de Mirabeau.

Tout s'écroule, tout disparaît sous le sceptre du temps. Les monuments les plus solides, les inscriptions gravées sur le marbre et l'airain cèdent à son influence. La renommée seule résiste à ses ravages ; sa voix éternelle commandant aux siècles, fait sortir du torrent des générations fugitives les grands hommes de tous les temps, de tous les lieux, et les place sur différentes lignes perpendiculaires, pour les présenter aux regards et à la vénération des races futures.

Au sommet d'une de ces pyramides, je vois l'orateur d'Athènes, armé des Philippiques qui firent si souvent échouer les projets du tyran de Macédoine; près de lui, je vois l'orateur romain foudroyant par son éloquence l'ambitieux Antoine, et regardant avec complaisance sa patrie après l'avoir sauvée des fureurs de Catilina. Je vois Galilée, Copernic, Descartes, Newton, Pascal et bien d'autres philosophes naturalistes, couverts des voiles de la nature dont ils ont saisi les plus grands secrets, et par ce moyen, garanti à jamais les faibles humains, des terreurs paniques de l'imagination. Je vois Locke, Leibnits, Mallebranche et leurs pareils, montrant les profondeurs de la métaphysique, et présentant à la raison , comme autrefois Ariane à Thésée , un fil pour la conduire à travers le labyrinthe des opinions , au sanctuaire de la vérité. ·

Je te vois aussi, et mon cœur te distingue parmi tous , ô tendre Fénélon, dont l'humanité même a dicté les écrits ; ton âme céleste brille sur ta douce physionomie et y répand les charmes d'une beauté touchante: un pouvoir invincible me fait prosterner à tes pieds pour rendre hommage à ta vertu , je ne te quitte jamais sans regret.

Je vois, je touche presque de la main le législateur des nations, découvrant dans l'esprit des lois , les différents ressorts des gouvernements. Près de lui, le célèbre auteur du *Contrat social*, monument immortel de génie , de probité , de courage. Les malheurs et les crimes de la société impriment sur son front une teinte de mélancolie qui peint la sensibilité de son âme, et en fait l'éloge.

Dans cette galerie de grands hommes , la postérité verra avec admiration, Franklin tenant d'une main la foudre enchaînée, le sceptre brisé des tyrans ; de l'autre, l'étendard de la liberté qu'il planta dans le Nouveau-Monde, au-delà de l'Océan-Atlantique. Elle distinguera enfin notre héros, succombant presque sous le poids des mille et mille têtes de l'aristocratie, et d'un air victorieux, présentant au genre humain, le plus beau présent qui soit sorti des mains de l'homme ; les décrets de l'Assemblée Nationale, auxquels il a eu une si grande part. Sa figure est fière et fortement prononcée; c'est celle d'un homme libre, digne de l'être. Nos derniers neveux diront que son dernier soupir fut un vœu pour la liberté de la patrie, sa dernière expression, un anathème contre la tyrannie.

Son génie, franchissant les barrières de la mort, nous éclaire encore du sein du tombeau dans ses ouvrages posthumes. Les mœurs sont des lois antérieures qui, commandant impérieusement à notre âme, lui font trouver ses plaisirs dans ses devoirs. Sans elles, les lois civiles sont impuissantes ; les empires marchent à grands pas vers leur dissolution. Le plan d'une éducation assortie au caractère, aux penchants d'un peuple, au climat qu'il habite, est la pierre fondamentale de l'édifice social ; mais c'est une tâche bien difficile à remplir. Il n'appartient qu'à un architecte consommé dans son art , d'entreprendre un si prodigieux ouvrage. Mirabeau l'a fait. L'auteur, dans cette importante matière, a été, au-dessus de lui-même: il a tout vu , tout exécuté avec le compas du génie, et ce dernier chef-d'œuvre est la plus brillante fleur de sa couronne.

Je n'ignore pas que la renommée , cette redoutable dispensatrice de la bonne et de la mauvaise fortune , fait à Mirabeau des inculpations qui flétrissent sa gloire. Sollicitée par la haine , elle a souvent prêté quelques-unes de ses cent bouches à la calomnie , pour complaire à la vengeance , et servir ses fureurs. — L'intérêt, l'égoïsme, la rivalité des talents ont, dans tous les temps, persécuté les grands hommes. Est-il surprenant , que Mirabeau, qui, par ses travaux et son génie , a tant contribué à une révolution qui changea la face de l'Empire, et mit à la place de l'orgueil, du rang et du crédit, les talents et les vertus si difficiles à acquérir ? Est-il surprenant, dis-je, qu'il trouve des Zoïles et des sycophantes? La réforme est trop amère, pour ne pas soulever contre le réformateur une légion d'ennemis : quelle condescendance, ou plutôt, quelle justice attendre de leur part? Méfions-nous donc de leur décision, et ne soyons pas assez absurdes pour juger un grand homme sur les conclusions du désespoir.

A Dieu ne plaise, que je prétende justifier pleinement Mirabeau, et vous le peindre sans reproche. Il était homme, il a sans doute, comme le reste des hommes, payé son tribut à l'humanité.

David, d'après les oracles divins, le modèle des rois, fait introduire dans son palais une belle femme qu'il voit par hasard : un amant couronné triomphe bientôt des résistances de la pudeur. Par un crime atroce, il fait périr l'époux absent et occupé alors à son service, pour cacher la faiblesse de l'épouse et la sienne dans la nuit du mariage. Socrate n'était pas vraisemblablement toujours philosophe auprès d'Aspasie ; sa morale cependant lui assura le titre de sage. Le massacre de Thessalonique n'a point empêché la renommée de compter Théodose au nombre des grands Empereurs. Les vies même des Trajan, des Marcaurèle, offrent des jours nébuleux ; le législateur Justinien fut ingrat et cruel envers Bélisaire qui avait rétabli la gloire de l'Empire. Que vous dirai-je? on remarque quelquefois des tâches sensibles sur l'astre du jour ; en est-il moins pour cela le flambeau du monde, le père de la nature, l'agent secondaire des bienfaits du Créateur ?

Il ne faut donc point apprécier les hommes par des actions solitaires. D'après cette base, ils seraient tous dignes de compassion, de mépris ou de haine. La justice, la raison et la nécessité indiquent, pour unique thermomètre du mérite et de la gloire, l'ensemble et la masse totale de la vie. Les faiblesses, les erreurs et les écarts même sont, à la vérité, des ombres qui rembrunissent le tableau, mais on lui doit de l'admiration, lorsque les couleurs (je veux dire les talents et les vertus) tranchent d'une manière saillante.

Ce principe posé, je conviendrai sans effort qu'on trouve dans la vie de Mirabeau des points ténébreux, mais aux yeux des sages et des impartiaux, elle présente sur une surface brillante, des reflets éblouissants. La postérité, plus juste que nous, d'ailleurs différemment affectée, le vengera des outrages de la haine. La gloire d'un des principaux fondateurs de notre liberté n'a rien à crain-

2

dre du tribunal de la justice, peut-être même que, roulant avec les siècles, elle se dépouillera de la rouille qui l'environne. Les fautes indifférentes disparaissent auprès des vertus utiles; la reconnaissance pour des bienfaiteurs qui ne sont plus, s'empare ordinairement du cœur des vivants, elle jette un voile sur les faiblesses, pour ne voir que les bienfaits qui ont trait à la félicité publique.

En donnant des éloges mérités au grand homme que nous regrettons, je crains d'avoir, contre mon intention, irrité votre douleur au lieu de la calmer. Vous avez vivement senti, qu'une des principales colonnes de la constitution fut renversée; peut-être même que votre imagination alarmée vous la représente ensevelie dans le même tombeau. Ah ! bannissez toute crainte sur son sort ! L'édifice tout neuf de la liberté, bâti d'après les précautions et les règles de l'art, ne tombe pas ainsi en ruines; si un appui lui manque, un autre aussi puissant le remplace. Si l'aristocratie, si la haine du bien public, conçut quelque espérance de la mort de Mirabeau, c'est une chimère que je vais combattre d'une manière évidente dans la suite de cet ouvrage. Ce sera d'ailleurs continuer indirectement son éloge, que de traiter de la constitution, dans laquelle il a joué un si grand rôle (1). Si la matière était moins intéressante, j'invoquerais votre indulgence et votre attention.

(1) Mirabeau posa la première pierre de l'édifice de la liberté, lorsqu'il décida les Communes à se constituer en assemblée nationale, contre les prétentions du clergé et de la noblesse, qui refusaient de vérifier les pouvoirs en commun, pour conserver le privilége funeste de délibérer par ordre. Cette première victoire était un coup décisif pour l'un ou l'autre parti. La marche de Mirabeau, dans cette grande affaire, fut un chef-d'œuvre de sagesse. L'inscription civique qu'il proposa, et qu'il fit décréter, annonce qu'il connaissait bien les ressorts du cœur humain. Les motions sur l'inviolabilité des membres de l'Assemblée, et pour demander le renvoi des troupes qui se rassemblaient entre Paris et Versailles, sont une preuve de sa vaste prévoyance. Rédacteur de l'Adresse qui fut faite au Roi pour ce dernier objet, il fait parler l'Assemblée Nationale avec toute la majesté qui lui convient. Ses discours sur la propriété des biens du clergé, sur les Assignats, le Crédit national, le Pacte de famille, sont marqués au coin de la plus haute éloquence, et de la plus profonde logique. Enfin, Mirabeau a fait pour la cause de la liberté, tout ce qu'on pouvait attendre d'un simple mortel.

STABILITÉ DE LA CONSTITUTION.

L'ancien gouvernement fourmillait d'abus et de contrariétés choquantes. Formé au hasard, sans plan, sans dessein, le corps politique n'était presque composé que de parties incohérentes : on y remarquait surtout une quantité immense d'excroissances, qui, en le rendant entièrement difforme, étaient autant de pompes aspirantes du suc nourricier. Une force supérieure toujours hors des limites de la modération, au lieu de le faire marcher par un mouvement doux et uniforme, le faisait rouler de précipice en précipice, d'où il résultait des chocs qui devaient tôt ou tard, opérer sa dissolution, pour faire place à un ouvrage régulier, construit d'après les sages vues de la nature. L'époque de cette métamorphose est celle où se trouva la France en 1791 ; la postérité, en jouissant de leurs travaux, leur rendra hommage de la gloire de notre régénération.

Oui , la France fût régénérée, puisqu'elle devint libre , ce qui dut encore ajouter au bonheur de cette époque, c'est que sa liberté reposait sur les bases immuables de la justice et de la vérité. Le monstre du despotisme disparut , ses membres furent dispersés sur toute la surface de l'Empire ; en vain le génie de la discorde aurait travaillé à les réunir pour le rappeler à la vie, la même puissance qui l'avait détruit se serait opposée encore plus efficacement à sa résurrection. Tous les ressorts du nouveau corps politique furent en mouvement; la loi qui en fut l'âme, les dirigea avec une sagesse admirable. Chaque roue tourna sur son axe sans heurter sa voisine; si quelqu'une se fût écartée de son centre d'activité, toute la machine dans l'instant aurait éprouvé une forte secousse qui aurait averti les sentinelles, chacun se fut empressé alors à remettre dans l'ordre les pièces discordantes, et à les fixer d'une manière invariable.

On demandait à un philosophe de l'antiquité, la définition du mouvement, le philosophe marche, et instruit par le spectacle de la chose même. Si quelqu'un m'interrogeait sur la nature d'une société bien organisée, je mettrais, dans ses mains la constitution française de 1791 ; je me trouverai dispensé de répondre. Je la contemple, en effet, je la tourne dans tous les sens, tout y est dans une harmonie parfaite ; à moins que de la haïr par intérêt ou par passion, il est impossible de lui refuser l'admiration, et de ne pas s'y soumettre d'esprit et de cœur.

Elle nous présente d'abord deux pouvoirs bien distincts : L'un fait la loi, l'autre l'exécute. La nécessité de cette distinction est tellement fondée sur l'ordre des choses, que ce fût et sera désormais un article de foi politique.

La souveraineté ne pouvait convenir qu'à la nation, elle aurait été accablante pour un seul homme ; il en aurait résulté le malheur de celui qui eût commandé, et plus encore de ceux qui étaient destinés à obéir. Notre expérience, celle de tant de peuples, ne laisse aucun doute sur cette vérité fondamentale de l'ordre social : je dis plus ; je suppose une inondation de barbares dans la France, lorsque le calme aura remplacé les orages de la guerre, les conquérants s'empresseront d'adopter notre législation, dès qu'ils en connaîtront la beauté ; un penchant invincible les portera à être ce que nous sommes. Peut-on donc imaginer qu'un peuple sage et éclairé se dépouille jamais du pouvoir souverain qui fait sa sûreté et son bonheur, pour l'abandoner aux mains d'un seul, aux dépens de la félicité publique ? une pareille inconséquence est inconcevable : Je croirais aussi facilement que les agneaux deviendront amis des loups, et que les fleuves couleront vers leur source.

En remontant les siècles par le canal de l'histoire, nous verrons le règne de fer du despotisme, et l'âge d'or de la liberté. Nous fuirons l'un comme un écueil, et nous tendrons vers l'autre avec passion. D'habiles pilotes tiendront le gouvernail du vaisseau politique, leur sagesse maîtrisera les vents, et les enchaînera aux voiles de la liberté. Un peuple instruit et bon moralement, a de l'énergie; chez un pareil peuple, l'amour de la liberté est une vraie passion, c'est au souverain à l'entretenir et à la diriger loin du gouffre du despotisme. Voulez-vous connaître la bonté morale d'une nation ? Prenez pour mesure la latitude de sa liberté. Si elle est esclave, à coup sûr elle est corrompue.

Les sociétés ont leurs maladies comme les corps naturels. Un médecin expérimenté conserve ceux-ci, l'empirisme les détruit. Si une nation travaillée par des maux politiques, s'occupe elle-même de sa guérison, par l'entremise de ses sages, elle reprend bientôt sa vigueur, mais si elle se livre au despotisme, elle est perdue : celui-ci, par des remèdes violents, la précipite dans l'abîme du néant, il faut ensuite des siècles pour réparer un moment d'erreur.

Grâce au ciel, on prit la bonne route. La régénération fut cruellement laborieuse, mais le succès fut complet. Les souvenir des maux passa, le souvenir qui en reste sera un préservatif efficace. Tout fut donc consommé ! L'astre de la liberté brilla sur l'horizon de la France ; ses rayons un jour pénétreront dans toute la terre, malgré les obstacles que les préjugés, l'ignorance où la force lui opposent. Il naîtra ailleurs d'autres Mirabeau qui sonneront le tocsin et réveilleront les peuples de leur assoupissement. La voix de la nature plus forte que le bruit du despotisme crie à tous les hommes qu'ils ne sont pas nés esclaves, qu'ils ont éternellement le droit et le pouvoir de se rendre libres, par la réunion des volontés. Qu'avait donc à craindre la Constitution des efforts de l'aristocratie, elle pouvait détruire l'homme, mais non le changer. L'essence des choses est inaltérable.

Portons la supposition aux extrêmes, et voyons quel en serait le résultat. Les suppôts de la tyrannie d'un côté, les citoyens de l'autre, sont réunis sur un champ de bataille ; les armes vont se choquer avec la férocité que doivent avoir deux partis qui prétendent absolument, l'un à la domination, l'autre à la liberté. Si celui-ci triomphe, les tyrans sont exterminés ; si la victoire reste aux tyrans, ils ne gagnent rien; leur sort deviendrait peut-être pire. Saturne ne dévorait que ses enfants, le despotisme serait alors réduit à se dévorer lui-même. Français, ne perdons jamais de vue cette terrible alternative ; faisons toujours prévaloir les conseils de la sagesse, sur les fougues de l'ambition. Soyons amis, notre intérêt d'accord avec la vertu nous en fait une loi. La vie n'est qu'un songe rapide, faut-il donc la rendre atroce par nos fureurs ?

La Constitution assura au clergé un traitement honorable en échange de ses domaines immenses. Ils devinrent le patrimoine et la principale ressource d'une foule de familles. L'opinion, la loi, la foi publique en consacrèrent l'acquisition. Pouvait-on imaginer que les propriétaires d'alors où leurs héritiers se réduiraient à la mendicité, pour doter les enfants d'une légion de fondateurs et de fondatrices dont la nomenclature serait trop longue ? Autre temps, autres mœurs. Les hommes autrefois se dépouillaient de leurs biens par simplicité, ils le défendraient de nos jours aux prix de leur sang.

Daniel rapporte que les prêtres du temple de Bélus enlevaient par des souterrains secrets les offrandes dont les dévots surchargeaient les hôtels de ce dieu fantastique, et qu'ils avaient eu l'art de persuader, que dieu lui-même venait s'en nourrir. Cette supercherie était la corne d'abondance. Dans les siècles des ténèbres, on vit régner parmi nous la bizarre opinion, dont je ne chercherai point la cause, que la fondation d'un monastère expiait tous les forfaits, et qu'on s'assurait le ciel, en enrichissant des hommes qui par état faisaient vœu de pauvreté. Nos pères, faibles et crédules, ne sentant point cette contradiction palpable, s'empressèrent d'engloutir dans des gouffres religieux, une grande partie de leur fortune. Dans ce siècle de lumières, l'assemblée nationale se conduisant par des vues supérieures d'ordre, de justice et surtout

de nécessité, qui, selon la belle pensée de Plutar-
que, est la reine des mortels et des immortels,
décréta solennellement, que la nation rentrerait
dans ses biens aliénés par l'ignorance et la faiblesse. Cette décision, grande, juste et nécessaire,
sauva la patrie ; c'était le seul et unique moyen de
la tirer de l'abîme (1).

La religion est la principale colonne de la société : les ministres qui en versent les trésors sur
les mortels jouent parmi eux le rôle le plus
important; l'influence de leur ministère sur les es-
prits, peut produire un grand bien où un grand
mal. Un clergé riche est dangereux dans un état.
L'opulence, après l'avoir corrompu, le rend
séditieux ou despote ; c'est à la sagesse de la

(1) On trouve nombre d'ecclésiastiques, et même des religieux assez injustes pour se plaindre d'une opération qui
sauva la France, et qui seule pouvait la sauver, quoique l'assemblée nationale leur eût fait un sort toujours bon en lui-
même, souvent supérieur à celui qu'ils avaient précédemment.
Une conduite si déplacée mérite la compassion, si elle a pour
principe, l'ignorance ; et le plus souverain mépris, si elle a
tout autre motif, s'il reste au clergé une ombre de délicatesse,
de justice et de patriotisme, bien loin de se plaindre d'une cir-
concision légale qui ne retranche que des richesses superflues,
il y verra clairement le doigt de Dieu.

loi de le contenir dans une décente médiocrité. Le prêtre, s'il est vertueux, trouve la récompense de ses travaux dans son cœur et dans les promesses du ciel ; les fidèles doivent le chérir comme un père, ils ne doivent jamais le redouter comme un maître. Le sacerdoce chez nous était d'une stature gigantesque, plus propre à épouvanter la terre qu'à la consoler ; bénissons donc la loi qui le réduisit à sa juste proportion, et la postérité n'aurait jamais dû l'enfreindre pour s'épargner des repentirs amers.

La Constitution, en améliorant le sort du militaire, le garantit du pouvoir despotique des commandants. Le fils du laboureur, après avoir, dans ses premières années, endurci son corps par les exercices champêtres, pouvait ressusciter les Fabricius, les Cincinatus , en s'élevant par son mérite, jusqu'au commandement des armées. Est-il possible que lui et ses semblables, sans nom et sans fortune, renoncent jamais à une perspective si attrayante et si propre à former des héros ? Aveugles instruments de la tyrannie, les soldats en étaient les premières victimes ; leur élévation était presque un phénomène : on en comptait rarement quelque exemple, leurs tyrans armés, s'arrogeant tout, jusqu'au prix de leur bravoure, faisaient servir à leur gloire, les victoires qu'ils remportaient par leurs mains , tandis que ces mêmes victoires n'étaient souvent que des calamités. On a vu plus d'une fois, (ma langue se refuse presque à le raconter) des trois quarts, et des moitié d'hommes, après avoir laissé une partie de leur existence sur un champ de bataille, on a vu dis-je, des trois quarts et des moitiés d'hommes, traîner de ville en ville, de maison en maison, le spectacle déchirant de la douleur et l'opprobre de la misère.

Défenseurs de la patrie , était-ce donc là la belle récompense que vous deviez vous promettre de votre valeur? hélas! vous n'en aviez pas de patrie! ce n'est que de cette époque que vous avez commencé à en avoir une, elle vous ouvre son sein maternel; l'enfant le plus vertueux, le plus utile, sera l'enfant chéri ; elle vous offre des récompenses , rendez-vous digne de les obtenir, elles sont à vous; il n'est plus de grâce, il n'est plus de protecteur, le mérite seul fait toute la recommandation , mais elle est sûre et infaillible. Ce qui doit enflammer votre émulation , fait le désespoir des anciens favoris de la fortune. Blanchis dans les travaux de Mars et de Bellone, je vous vois rentrer dans le sein de vos familles où vous porterez l'abondance, l'allégresse, l'honneur, pour y finir paisiblement des jours que vous aurez illustrés dans le tumulte des camps. Vous raconterez sans orgueil vos exploits à la tendre jeunesse du village : témoin de votre gloire et de votre bonheur, elle brûlera d'impatience que l'âge lui permette de marcher sur vos traces. Vos leçons et vos exemples allumeront ces âmes combustibles, et les prépareront aux plus hautes destinées.

La guerre est un des plus terribles fléaux de la société. Elle n'est permise que dans le cas d'une défense légitime de soi-même ou de ses alliés. Les tyrans qui sacrifient les peuples à leur ambition féroce méritent les anathèmes de l'humanité. Du sein des tombeaux, s'élèvent des voix épouvantables pour demander vengeance des ravages, des incendies, et de tant de meurtres commis par leur ordre. La Constitution, en renonçant à toute conquête, garantit de pareilles abominations. Les vues de paix et de justice qu'elle fit éclater, aurait suffi pour lui assurer l'amour des Français et les hommages de l'univers.

Le Parlement d'Angleterre parle toujours du peuple avec vénération , et lui donne souvent le titre de Majesté. L'expression est exacte puisque le corps du peuple est exclusivement souverain. Ah ! qu'il était bien loin chez nous d'un pareil honneur ! Les grands le regardaient comme une bête de somme , destinée à porter toutes les charges publiques et à servir ses maîtres dans un respectueux silence. Ils s'étaient appropriés toutes les fleurs de la société, pour ne lui en laisser que les épines: La Constitution le réintégra dans sa dignité primitive. En effaçant les distinctions chimériques de la naissance , elle consacra l'égalité en droits , vérité précieuse et féconde qui a servi de base aux travaux de nos législateurs.

Pouvez-vous vous imaginer que ce même peuple, naguères, si avili, si opprimé, mais aujourd'hui si plein de son existence politique, voudra souscrire encore à des préférences odieuses , se prosterner devant de nouvelles idoles , et sacrifier à leur vanité, son bonheur et sa délicatesse ? Ah ! ce n'est pas ainsi que se plie le cœur humain ! Les parchemins étaient tout au tribunal de l'orgueil, ils ne sont rien au tribunal de la raison ni aux yeux de la loi, souveraine dispensatrice des rangs et des honneurs. Le décret qui n'admet d'autre titre que celui de citoyen n'est pas suspect. Des princes, des ducs, des prélats et une foule de noms illustres, s'élevant au-dessus d'un préjugé ridicule, en ont été les promoteurs. Ces personnages étaient grands par eux-mêmes, ils sentaient que la grandeur factice et imaginaire ne pouvait que nuire à la grandeur personnelle. Ce décret qui, au premier coup-d'œil, effarouche, ne porte aucune atteinte à l'homme vraiment distingué ; son mérite individuel, séparé de tout alliage étranger, n'en paraîtra que plus brillant aux yeux des sages, et grâces au ciel, la France, gouvernée par de bonnes lois, en sera la patrie.

Le règne des préjugés est donc passé pour nous, celui de la raison est arrivé ; puisse-t-il durer et s'étendre autant que la race humaine ! Que la France, par le bon usage de sa liberté, prouve à tous les peuples de la terre, qu'elle en était digne . que la loi y règne en souveraine dans tous les temps, autrement, la liberté n'eut été qu'une tempête qui finirait par un triste naufrage.

Je me bornerai à ces réflexions principales ; un

plus long détail serait superflu. Il est évident que la Constitution était inébranlable, l'intérêt, l'honneur, la vertu, la religion et le courage des citoyens veillaient autour d'elle ; qui aurait osé entreprendre de la renverser ?

Souffrez qu'en finissant, je revienne à mon premier objet. C'en fut donc fait ! le dernier coup fut porté, la France fut profondément blessée. Mirabeau, l'ardent ami du peuple, le représentant, quoique d'une très-haute naissance, des Communes à l'Assemblée Nationale ; Mirabeau, un des plus grands orateurs et des plus intrépides citoyens que la nature ait jamais formé ; enfin, Mirabeau mourut. O vérité accablante ! il a assez vécu pour lui-même, rien ne manque à sa gloire ; mais a-t-il assez vécu pour le bonheur de la France ? Rien ne pouvait le rappeler à la vie : la mort est inexorable aux prières des mortels, jamais elle ne rend ses victimes.

Assise sur sa tombe, la renommée, en habit de deuil, dira jusqu'à la fin des siècles : « Ici repo- « sent les cendres de Mirabeau. Voyageur, suspend « ta course, et prête à ma voix une oreille atten- « tive. Si la tyrannie te compte au nombre de ses

« défenseurs , si tes bras sont armés pour le des-
« potisme, fuis loin de ce mausolée , tu n'es pas
« digne de le contempler, tes regards, ta présence
« seule le profanent : mais si la liberté est chère à
« ton cœur , si tu sens dans ton âme le courage
« de vivre et de mourir pour elle, viens avec con-
« fiance , viens, te dis-je , baiser le marbre qui
« presse les cendres d'un héros de la liberté, viens
« chanter l'hymne du patriotisme ; c'est le plus
« doux hommage que tu puisses offrir à ses
« mânes. »

CONFÉRENCES THÉOLOGIQUES.

Monseigneur ,

Vous témoignez votre surprise de ce que quelques auteurs et certains grands hommes déclament, comme de concert, contre les moines, et qu'ils les regardent comme des membres à charge à l'Etat, et inutiles à la religion. Vous convenez qu'il y a un grand nombre d'ordres qui n'ont rendu aucun service à l'Etat , et que l'on pourrait très-bien supprimer , ainsi que l'on a supprimé les jésuites , sans faire aucun préjudice ni aucun tort à la société , ni à la religion. Mais qu'on ne vous contestera pas que l'ordre des Dominicains, étant le plus ancien et le plus respectable de tous, ne mérite une exception à cette proposition générale, tant à cause de la pureté de sa doctrine, toujours conforme à la foi et à l'esprit de l'Eglise, que par les travaux apostoliques des grands hommes qu'il a produits. Où en serait, dites-vous, aujourd'hui la religion , sans les écrits de ces savants immortels de cet ordre, qui ont dissipé les ténèbres de l'abîme répandues sur toute la terre, et porté le flambeau de la lumière jusque dans le sanctuaire de vérité? En un mot, sans eux, la religion ne serait plus qu'un vain fantôme, plus propre à effrayer les hommes qu'à les instruire et à les consoler. Le bonheur et la gloire des Etats sont attachés à la religion. Ils sont les soutiens et les appuis de notre religion; donc que l'on ne peut les attaquer et les détruire sans attaquer et détruire en même temps la religion et les Etats. Ce raisonnement est si juste et si simple, qu'il ne faut que le sens commun, dites-vous, pour en connaître la force et l'évidence.

Permettez-moi, Monseigneur, de n'être pas toutà-fait de votre sentiment. Je n'ignore point que notre religion a eu dans tous les temps de grands combats à soutenir et de grandes persécutions à souffrir contre l'incrédulité et le fanatisme. Je n'ignore pas non plus qu'il y a eu parmi vous de grands sujets, dont les écrits sont très orthodoxes, et même assez instructifs; mais vous ne disconviendrez point que notre religion, établie sur des fondements aussi inébranlables qu'indestructibles, n'a jamais eu besoin de défenses pour la soutenir, et que, par conséquent, toutes les apologies en général, qui ont paru en sa faveur, bien loin de la rendre plus simple et plus claire, n'ont servi qu'à lui donner un air de pédanterie et de chicane, plus propre à effaroucher.les ignorans et à dégoûter les gens d'esprit qu'à les édifier en les éclairant. Je respecte infiniment la tranquillité et l'ordre social, je respecte infiniment tous les religieux ; mais je sais prescrire des bornes à mon respect, et je n'encenserai jamais, contre la vérité et ma conscience, leurs défauts et les abus qu'ils peuvent commettre. Je ne conviendrai jamais qu'une religion toute divine ne se soutienne que par quelques interprétations de l'Écriture faites sans discernement, et par quelques apologies sans goût et sans jugement. Faire dépendre la stabilité et l'infaillibilité de notre religion de quelques écrits et de quelques raisonnements obscurs et louches, n'est-ce pas en donner, au lieu d'une idée sublime, une idée vile, rampante et toute humaine? N'est-ce pas mêler le sacré avec le profane, et confondre l'évidence avec l'absurdité ?

L'indéfectibilité de l'Eglise est sans doute inhérente à ses ministres , comme la substance l'est à l'accident, où la cause à son effet ; mais on ne saurait conclure de cette inhérence, qui est nécessaire , puisque l'Eglise n'a de rapport qu'avec l'homme , que les moines , qui ne sont que des ministres modernes et accessoires, et elle, qui subsiste depuis près de dix-huit siècles , ne fasse réellement qu'un seul et même corps ; et que par conséquent ce qu'ils disent ou écrivent en particulier et relativement à la religion , doive être considéré comme autant de préceptes, de dogmes , ou de décisions irréfragables. Les prêtres séculiers sont les seuls et vrais ministres, et ce sont leurs décisions œcuméniquement faites , que je regarde comme autant d'articles de foi , et comme faisant partie de la religion.

J'ai peut-être pu vous déplaire, Monseigneur , dans ce que je viens de vous dire ; mais vous êtes trop juste pour m'imputer des motifs d'antipathie et de haine contre le monachisme ; Dieu m'est témoin que ce que j'en dis ne part que d'une véracité constante dont j'ai toujours fait profession, et dont tout honnête homme doit se faire gloire.

LETTRE D'UN MAÇON

A Monseigneur P., évêque de N.

Monseigneur,

Divers rapports, confirmés par les papiers publics, m'ayant instruit de l'ardeur avec laquelle vous vous efforcez d'aiguiser le glaive du fanatisme contre des gens tranquilles, vertueux et respectables appelés *Maçons*. Je dois, comme ancien dignitaire de leur vénérable ordre, repousser autant qu'il est en mon pouvoir, la calomnie qui l'outrage, et tâcher de dégager vos yeux du bandeau ténébreux qui vous a fait voir et dépeindre le temple que nous élevons aux vertus, comme le réceptacle de tous les vices.

Eh quoi ! Monseigneur, voulez-vous ramener parmi nous ces siècles d'ignorance et de barbarie qui furent si longtemps l'opprobre et la honte de l'esprit humain ? Ces temps de fanatisme vers lesquels l'œil de la raison ne peut retrograder sans horreur ? Ces temps où l'hypocrisie, siégeant sur le trône du despotisme, entre la superstition et la sottise, donnait des fers au monde et brûlait indifféremment, sous le nom de sorciers, ceux qui savaient lire ? Vous accusez les Maçons d'être des fripons, des impies, des précurseurs de l'antechrist, et vous exhortez charitablement tous les peuples à s'éloigner de cette race maudite, etc.....

Des fripons, Monseigneur, ne se font pas, comme nous, un devoir d'assister les pauvres et les orphelins ; des fripons les mettent plutôt à contribution, les frustrent quelquefois de leurs héritages, et s'engraissent de leurs dépouilles, au sein de la fainéantise et de l'hypocrisie ; des fripons, enfin, trompent les hommes, les Maçons les éclairent. Un Maçon qui revient de sa Loge, où il n'a reçu que des leçons tendant au bien de l'humanité, n'en est chez lui que meilleur père et meilleur mari. Des précurseurs de l'antechrist mettraient tous leurs efforts sans doute à détruire la loi du Très-Haut, et les Maçons n'y sauraient attenter sans renverser en même temps leur propre édifice. Enfin, vous les traitez de race maudite dont il faut s'éloigner, etc.....

Les Maçons, Monseigneur, mettent leur première gloire dans une propagation infatigable et non interrompue de toutes les vertus de l'honnête homme et du vrai patriote. Ainsi donc, Monseigneur, si la Maçonnerie est l'école de toutes les vertus de l'honnête homme, dans quelle classe faudra-t-il ranger ceux qui la persécutent, et qui crient : Convertissez-vous ? A qui, Monseigneur, conviendrait-il de dire ici de se convertir ? est-ce à ceux qui, se réunissant pour goûter les douceurs les plus épurées de l'humanité, recommandent sans cesse l'union, la paix et l'amour fraternel ; ou à ceux qui disent : Aidez-nous à exterminer? Sans agiter la question, s'il est permis aux ministres de la religion de s'ériger en tribun du peuple, apprenez, Monseigneur, que les Maçons ont tous juré de maintenir et de suivre les loix, d'être fidèles à leur patrie, et que la première obligation d'un Maçon est de remplir les devoirs de l'état où le ciel l'a placé. Vous voyez, par là, que notre serment n'est pas un pacte d'hommes indignes comme vous avez osé l'avancer dans vos écrits et dans la chaire de vérité ; et si vous aviez été mieux instruit de nos statuts, vous auriez sans doute imité les Maçons qui laissent le monde en paix.

Non, Monseigneur, jamais les Francs-Maçons n'ont troublé les États, mais bien les fanatiques, jamais ils n'ont fait égorger ceux qui ne pensaient pas comme eux ; ils servent fidèlement leurs Gouvernements , ils se laissent gouverner docilement par eux ; ils les respectent , et ils ne contèrent jamais de Jacques-Clément parmi leurs frères....... Vous auriez dù faire réflexion que, parmi ces mêmes Maçons que vous traitez si mal , on compte presque tous les Princes de l'Europe, avec les plus puissants et les plus honnêtes gens de leurs Etats.

Les puissances séculières ne sont pas les seules dont la Maçonnerie puisse s'honorer , et vous ne vous êtes sûrement pas douté, Monseigneur, qu'elle compte dans ses fastes , un pape , des cardinaux , des dominicains même , et jusqu'à des capucins , et qu'il s'est trouvé souvent en Loge des prédicateurs habiles et honnêtes-gens qui , au sortir de chez nous, allaient édifier leurs auditoires , auxquels ils ne disaient point : Aidez-nous à exterminer, etc.....

Je suis et fais gloire d'être, avec cette candeur inséparable de la bonne et franche Maçonnerie,

Monseigneur, .

Votre très humble et très respectueux serviteur,

E. G.

RÉFLEXIONS PHILOSOPHIQUES.

L'amour se soutient par l'espoir,
Le zèle par la récompense.
L'autorité par le pouvoir,
La faiblesse par la prudence,
Le crédit par la probité,
La bonne foi par la sincérité,
La sincérité par la tempérance,
L'esprit par le contentement,
Le contentement par l'aisance,
L'aisance, par le rangement.
Plus de douceur que de beauté
Me semble aux femmes nécessaire.
Plus d'éclat que de vérité
Dans un auteur ne me plaît guère.
Pour être heureux il faut avoir :
Plus de vertu que de savoir,
Plus d'amitié que de tendresse,
Plus de conduite que d'esprit,
Plus de bonté que de richesses,
Plus de repos que de profit,
Petit bien qui ne doive rien,
Petit jardin, petite table,
Un seul ami qui m'aime bien
C'est pour moi chose ineffable.

J'aime à trouver quand il fait froid,
Grand feu dans un petit endroit.
Les délicats font grande chère
Quand on leur sert en grands repas.
Des grands vins dans des petits verres,
Des grands mets dans des petits plats.
Il résulte de ce langage,
Qu'il ne faut jamais rien de trop.
Que de sens renferme ce mot,
Qu'il est judicieux et sage.
Trop de repos nous engourdit,
Trop de fracas nous étourdit,
Trop de froideur est indolence,
Trop d'activité pétulance,
Trop d'amour trouble la raison,
Trop de remède est un poison,
Trop de finesse artifice,
Trop de rigueur cruauté,
Trop d'audace témérité,
Trop d'économie avarice,
Trop de bien devient un fardeau,
Trop d'honneur est un esclavage,
Trop de plaisir mène au tombeau,
Trop d'esprit nous porte dommage,
Trop de confiance nous perd,
Trop de franchise nous dessert,
Trop de bonté devient faiblesse,
Trop de fierté devient hauteur.
Trop de complaisance bassesse,
Trop de politesse fadeur,

Ce trop pourrait, à le bien prendre,
Aisément se changer en bien.
Cela vient faute de s'entendre.
Le tout souvent dépend d'un rien.
Un rien est de grande importance,
Un rien produit de grands effets,
Un rien fait pencher la balance.
En amour, en guerre, en procès,
Un rien nous pousse auprès des grands,
Un rien nous fait aimer des belles,
Un rien fait sortir nos talents.
Un rien dérange nos cervelles,
D'un rien de plus, d'un rien de moins
Dépend le succès de nos soins.
Un rien flatte quand on espère ;
Un rien trouble lorsque l'on craint.
Amour ton temps ne dure guère,
Un rien l'allume, Un rien l'éteint.

1er juin 1867.

Edmond GARRIGOU.

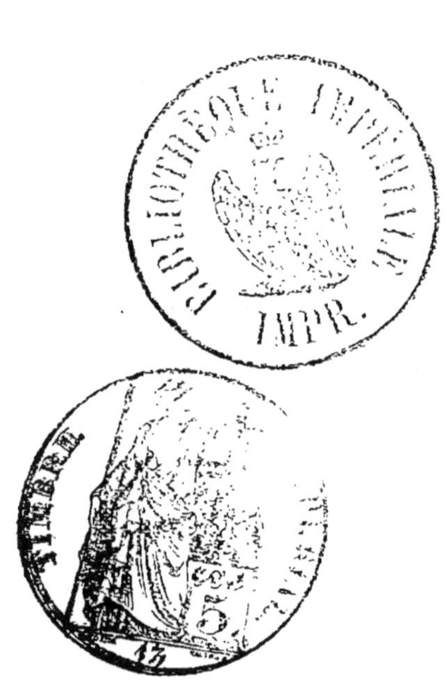

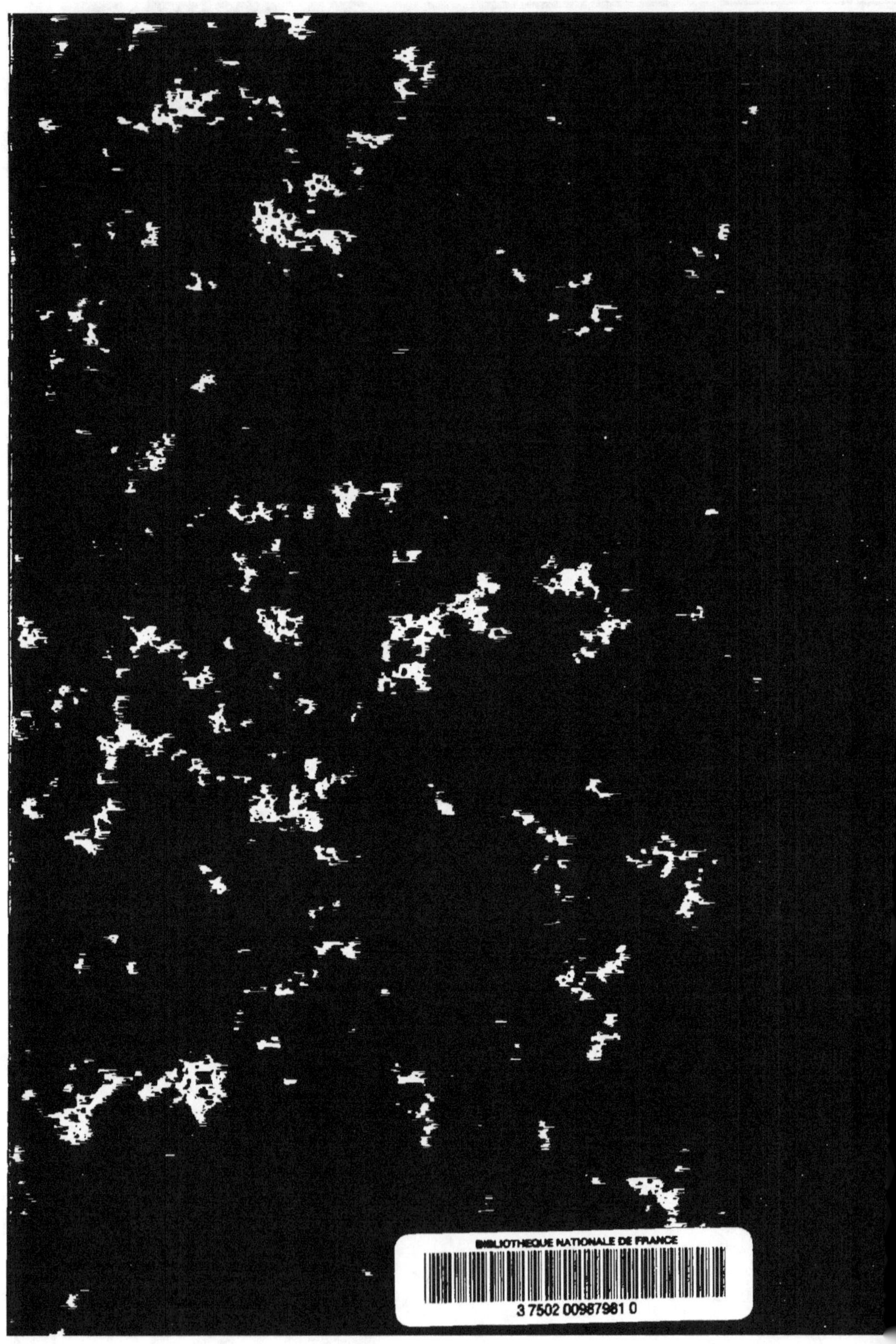